Hacer que el dinero crezca

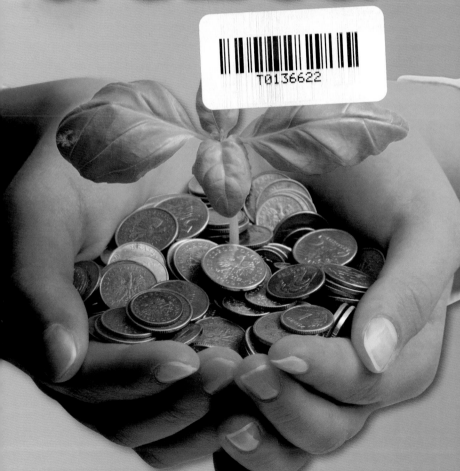

T0136622

Kathleen E. Bradley

Consultores

Timothy Rasinski, Ph.D.
Kent State University

Lori Oczkus
Consultora de alfabetización

Rich Levitt,
Contador Público Certificado

Basado en textos extraídos de
TIME For Kids. *TIME For Kids* y el logotipo
de *TIME For Kids* son marcas registradas
de TIME Inc. Utilizados bajo licencia.

Créditos de publicación

Dona Herweck Rice, *Jefa de redacción*
Conni Medina, *Directora editorial*
Lee Aucoin, *Directora creativa*
Jamey Acosta, *Editora principal*
Lexa Hoang, *Diseñadora*
Stephanie Reid, *Editora de fotografía*
Shelly Buchanan, *Autora colaboradora*
Rachelle Cracchiolo, *M.S.Ed.,*
   Editora comercial

Créditos de imágenes: págs.19 (abajo),
55 (arriba) Associated Press; pág.18 Earl
Wilson/The New York Times/Redux; pág.41
(izquierda) Fabian Fernández-Han; págs.23,
49 Getty Images; págs.12 (izquierda), 39,
51 iStockphoto; pág.41 (derecha) Javier
Fernandez-Han; págs.5, 55 (abajo), 20
PhotoResearchers Inc.; pág.25 (centro)
ABACAUSA.COM/Newscom; pág.22, 25
(abajo) Newscom; pág.53 (abajo) REUTERS/
Newscom; pág.44 TORONTO STAR/
Newscom; pág.64 fotografía de Greg Figge;
págs.10–11, 14–15, 45, 51 (ilustraciones)
Timothy J. Bradley; todas las demás
imágenes son de Shutterstock.

Teacher Created Materials

5301 Oceanus Drive
Huntington Beach, CA 92649-1030
http://www.tcmpub.com
ISBN 978-1-4333-7141-7
© 2013 Teacher Created Materials, Inc.
Printed in China
YiCai.032019.CA201901471

Tabla de contenido

Trabajar con los demás

Crecer tiene sus ventajas. En algún momento, tendrás tu propia casa. Cocinarás y comerás la comida que más te gusta, comprarás algunos de los artículos que siempre deseaste y harás muchas de las actividades divertidas con las que soñaste. Te convertirás en una persona **autosuficiente**. Cuando trabajas, recibes dinero por tu **trabajo**, y con ingresos regulares puedes planificar tu futuro. Hay muchas maneras de ganar dinero. Pero no importará cuánto ganes si no sabes cómo hacer que tu dinero crezca.

PARA PENSAR

+ ¿Por qué es importante ganar dinero?

+ ¿De qué maneras se puede ganar dinero?

+ ¿Cómo puedes hacer que el dinero que tienes crezca?

Asignación

Algunos padres dan a sus hijos una **asignación**. Una asignación es el pago de una cantidad de dinero establecida. Con frecuencia, los niños la reciben a cambio de algunas **tareas domésticas** que realizan el hogar. Recibir una asignación les da a los niños la oportunidad de aprender a administrar su dinero. ¡Presta atención a dónde y cuándo gastas tu asignación y lleva un registro de cuánto ahorras para administrar tu dinero con inteligencia!

Alcancías

Las alcancías con forma de chanchita existen desde hace mucho tiempo. Hace cientos de años, en Inglaterra las personas guardaban sus monedas en una pequeña jarra. La jarra estaba hecha de un tipo de barro que en inglés se llamaba pygg, que suena igual a pig (chancho). Con el paso del tiempo, se hicieron jarras de barro en forma de chanchita, a modo de broma.

Los buenos tiempos de antaño

El costo de las cosas, como las entradas para el cine, ha cambiado mucho desde la época en que tus abuelos eran niños. En 1940, el precio promedio de una entrada al cine era de $0.30. Hoy en día, el precio promedio es de casi $8.00. O puedes comprar el DVD de la película y mirarla todas las veces que quieras pagando una sola vez un precio bajo.

Trabajar desde casa

¿Alguna vez oíste a tus padres decir: "Desearía tener una hora más al día para hacer todo lo que necesito"? Si los has oído, tal vez hayas encontrado una oportunidad para ganar dinero. Piensa en las tareas domésticas que suelen hacer tus padres en las que podrías ayudar. ¿Podrías poner la mesa o limpiar la cocina luego de la cena? Tal vez podrías lavar el auto familiar todos los sábados. Haz una lista de tareas domésticas que sabes que puedes hacer y piensa qué pago sería justo para cada una. Siéntate y habla con tus padres sobre hacerte cargo de una o dos tareas de la lista.

Planifica con anticipación

Organizar tus horarios hace que sea más fácil hacer la tarea doméstica y tener tiempo para otras cosas como deportes, tareas escolares o pasar el rato con tus amigos. Puedes utilizar un planificador o una aplicación de tu teléfono celular para llevar un control de tus horarios.

Un poco de cada cosa

A algunos niños les gusta dividir su tiempo del fin de semana entre tareas domésticas y diversión. Tal vez podrías ayudar con la ropa para lavar en la mañana. Luego, podrías pasar la tarde jugando al básquetbol con tus amigos o leyendo tu libro preferido para divertirte. ¡Te sentirás bien al poder ayudar y divertirte!

Manos a la obra

¿Por qué no aprovechar aún más las tareas domésticas que ya realizas? Por ejemplo, si lavas los autos los sábados, ofrece hacer algo más una vez al mes. Puedes limpiar los paneles y pasar la aspiradora para ganar algo de dinero extra. Hacer ese esfuerzo adicional es una gran ayuda. Tus padres lo apreciarán y podrás ganar más dinero.

Dormitorio

Haz lugar para obtener más efectivo. Vende la ropa que no usas o los artículos viejos para ganar dinero extra.

Cuarto de baño

Obtén recompensas saludables mientras eliminas los gérmenes. ¿Cuánto pagarían tus padres por *no* tener que limpiar el cuarto de baño?

Cocina

Ganarás una buena suma con una venta de tortas. Prepara tus galletitas preferidas y véndelas en el próximo evento escolar. Cincuenta centavos cada galletita parece un precio justo.

Sala de estar

¡Pasar la aspiradora es una buena opción para ganar unos cuantos "centavos"! Tus padres ahorrarán tiempo y tú podrás ganar dinero.

11

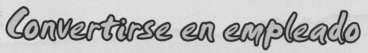

Convertirse en empleado

Cuando trabajas, alguien te paga por lo que haces. Cuando eres joven, ese alguien pueden ser tus padres o un vecino. Cuando trabajas en un negocio, esa persona será tu **patrón**. Dedícate ahora a cultivar las características de un buen **empleado**. La mayoría de los patrones contratan empleados amistosos, honestos, puntuales y prolijos. También desean contratar a alguien dispuesto a aprender. Ofrécete como voluntario en tu escuela, tu iglesia o una **organización benéfica** de tu localidad. Luego, cuando tengas suficiente edad para obtener un trabajo, ya tendrás muchas de las habilidades que valoran los patrones.

Salir a trabajar

En los Estados Unidos, puedes convertirte en empleado a los 14 años. En Europa, Australia y Nueva Zelanda, no puedes tener un empleo de tiempo completo hasta los 14 o 15 años. Los negocios que emplean niños deben seguir reglas especiales. Esas reglas indican qué tipo de trabajo puedes hacer y cuántas horas puedes trabajar por día.

Los adolescentes atléticos pueden conseguir trabajo como salvavidas durante el verano.

¡Soy rico!

Es emocionante ganar tu propio dinero, ¡en parte porque que puedes gastarlo de muchas maneras! Tal vez disfrutes gastar parte de tu dinero de inmediato en los videojuegos o un centro comercial cercano. O tal vez desees ir a ver una nueva película. Podrías planear ahorrar para comparte un artículo más caro, como una bicicleta o una nueva consola de videojuegos. A algunos niños les gusta ahorrar para enfrentar gastos inesperados en el futuro.

¡MÁS EN PROFUNDIDAD!

La primera impresión

¿Alguna vez oíste decir "Nunca se tiene una segunda oportunidad de dar una primera impresión"? Estudios realizados muestran que lleva menos de 10 segundos dar esa primera impresión.

No olvides

Sonreír.

Demuestra que eres una persona amigable.

Vístete con ropa de trabajo.

Haz que las personas vean que respetas el entorno donde algún día podrías trabajar.

Estrecha la mano con firmeza y haz contacto visual.

Demuestra al entrevistador que esta reunión es importante para ti.

Llegar temprano.

Indica a los demás que eres cumplidor.

Apagar el teléfono celular.

Muestra que valoras el tiempo con el entrevistador.

Durante una entrevista, los primeros 10 segundos son fundamentales. Deseas agradarle a tu patrón y que piense que serás un buen empleado. Recuerda hacer contacto visual y sonreír. Vístete bien, habla con seguridad y estréchale la mano. Lee lo que figura a continuación para ver qué diferencia puede hacer una buena primera impresión.

No

Llegar tarde.

Indica a las personas que no te importa obtener el trabajo.

Atender el teléfono celular.

Los entrevistadores pensarán que preferirías estar hablando con tus amigos.

Estrechar la mano con languidez y mirar el suelo.

Las personas asumirán que no tienes suficiente confianza en ti mismo o que no estás dispuesto a trabajar.

Vestirse de manera inadecuada.

La ropa desaliñada hace que los patrones piensen que no trabajas en equipo o que tu estilo es más importante que la imagen de la empresa.

15

Paso a paso

Tu primer trabajo debería ser un paso que te acerque a encontrar tu carrera. Cada trabajo que tengas te dará nuevas experiencias que pueden ayudarte a aprender y a crecer. Encontrar las cosas que te gusta hacer en particular puede darte indicios de qué carreras podría gustarte seguir en el futuro. Por ejemplo, si te gusta cuidar niños, tal vez disfrutes una carrera que implique trabajar con niños. Considera si te gustaría convertirte en maestro. ¿Te gusta pasear al perro del vecino? Tal vez en el futuro podrías trabajar con animales. Considera convertirte en veterinario o entrenador de animales. Hay muchos trabajos que puedes hacer ahora que te ayudarán a descubrir qué tipo de trabajo disfrutarás más.

Adquirir habilidades

¿Te gusta cuidar niños?
Entonces prueba una carrera como maestro o médico.

¿Te gusta pasear perros?
Entonces prueba una carrera como veterinario.

¿Te gusta podar el césped?
Entonces prueba una carrera como paisajista.

¿Te gusta limpiar la cochera?
Entonces prueba una carrera como organizador profesional.

Trabajos para todas las estaciones

Los cambios de estación ofrecen nuevas tareas domésticas que puedes realizar. Observa estas maneras de ayudar y hacer dinero con los cambios de estación.

Otoño

Rastrillar hojas puede ser una buena manera de ganar dinero. ¡Resiste la tentación de saltar sobre ellas!

Invierno

Quitar la nieve de las entradas para coches y las aceras puede ser un trabajo duro. Luego, diviértete construyendo un muñeco de nieve o en una guerra de bolas de nieve.

Verano

Después de cortar el pasto, ¡qué bueno es jugar bajo los rociadores sobre el césped recién cortado en un caluroso día de verano!

Primavera

En primavera, puedes limpiar los armarios o las cocheras. Nunca se sabe qué tesoros perdidos encontrarás.

Crear un negocio

No tienes que esperar a crecer para tener tu propio negocio. Muchos niños administran sus propias pequeñas empresas. Algunos incluso son patrones que supervisan a sus empleados. Si tienes una idea para un negocio, puedes convertirte en un **empresario**. Un empresario es alguien con una idea que está dispuesto a asumir un riesgo para obtener **beneficios**. Es decir, piensas que tu idea te hará ganar dinero.

Ian Youvan, adolescente propietario de una tienda de patinetas

Generador de dinero

A Dustin Satloff le encantaba el béisbol. Por lo tanto, comenzó a diseñar bates de béisbol de bambú y convirtió su pasión por el béisbol en un negocio. Primero le vendió los bates a sus amigos del campamento. Pero pronto su negocio creció. Satloff **patentó** su diseño de bate cuando tenía 13 años. ¿Por qué decidió fabricar sus bates con bambú en vez del roble típico? El bambú es más fuerte que el roble y también es una opción mejor para el medio ambiente. ¡Esa idea sí que es un jonrón!

Dustin Satloff

¡Tú eres el jefe!

Los empresarios crean nuevos negocios. Trabajan duro para organizar y administrar sus empresas. La mayoría de los empresarios son creativos, confían en sí mismos y están motivados. Necesitan poder pensar con rapidez para enfrentar problemas inesperados y estar dispuestos a continuar con el proyecto cuando las cosas se ponen difíciles. ¿Te suena que podrías ser tú? Como empresario, deberás estudiar a tu **público objetivo**. Estas son las personas que es más probable que compren tu producto o servicio. Primero, descubre qué necesita tu público. Luego, busca formas de crear un producto o servicio que satisfaga esa necesidad. Si crees en tu producto o servicio, ¡es probable que los demás también lo hagan!

El cielo es el límite

Muchos niños ponen puestos de limonada. Otros niños dirigen negocios de lavado de autos o cuidado de mascotas. Y otros reparten periódicos, crían animales pequeños, venden frutas y verduras de cosecha propia puerta a puerta o realizan otras tareas. Los posibles negocios son ilimitados. Usa tu imaginación. ¿Qué desean o necesitan las personas que conoces que tú podrías brindar?

UNIVERSITY BOOKSTORE

¡Invierte en ti mismo!

¿La educación superior es la clave para el éxito? Podría serlo. En un estudio se observó que más del 95 por ciento de los empresarios encuestados tenía un título de grado (4 años de universidad). Casi el 50 por ciento también tenía un **título de posgrado** (más de 4 años de universidad).

- sin estudios universitarios
- título de grado
- título de posgrado

Haz lo que te gusta

¿Cuáles son las actividades que más disfrutas? ¿Te pasas horas dibujando o escribiendo? Tal vez podrías ser un artista o un escritor. ¿Eres curioso? ¿Te gusta desarmar las cosas y volver a armarlas? Tal vez una buena carrera para ti sería la **ingeniería**. ¿O eres alguien que disfruta trabajar con los demás? Tal vez tu sueño sea dirigir un programa para después de clase. Cuando decidas a qué dedicarte, asegúrate de que tenga que ver con tu personalidad y con las cosas que te apasionan. Las personas suelen tener más éxito cuando hacen cosas que disfrutan. Hacer algo que amas significa que te divertirás mientras trabajas duro y ganas dinero.

Trabajos extraños

¿Tienes un pasatiempo inusual? ¿Te fascinan las cosas raras? Podría haber un trabajo donde podrías aprovechar tus intereses especiales. Hay personas que se ganan la vida probando helado, ordeñando serpientes, haciendo crucigramas y probando autos nuevos.

La práctica hace al maestro

Si hay algo que realmente te encanta hacer, dedica tiempo a aprender a hacerlo bien. Cuanto mejor hagas algo, sea dibujar o practicar deportes, más probabilidad tendrás de poder vivir de eso. Por lo tanto, ¡practica, practica, practica! Si lo haces, ¡tal vez algún día seas uno de esos afortunados que hace lo que le gusta y le pagan por ello!

La atleta jamaiquina Shelly-Ann Fraser-Pryce ganó una medalla de oro y dos de plata en los Juegos Olímpicos de verano de 2012, en Londres. Ella compite en las carreras de pista y campo para mujeres.

¿Qué tipo de empresario eres?

Ser tu propio jefe tiene sus ventajas. Muchos millonarios comenzaron dirigiendo sus propios negocios. ¿Cuál es el secreto de su éxito? Encontrar un negocio adecuado para sus habilidades y su pasión. Responde a este cuestionario para ver qué tipo de negocio podría llevarte al éxito.

1 Acabas de recibir $20. Tú...

A. compras una película, un libro o algo de música que te inspire.

B. compras una calculadora o una aplicación que simplifique un proyecto escolar.

C. llamas a una amiga y la invitas al cine.

2 Tu amigo acaba de perder las elecciones para presidente del consejo estudiantil. Tú...

A. le haces una tarjeta para alegrarlo.

B. te sientas con él y le hablas sobre estrategias para otro puesto.

C. reúnes a sus partidarios y organizas un abrazo colectivo.

3 Acabas de inscribirte para una venta de tortas en la escuela. Te ofreces como voluntario para...

A. diseñar un boletín espectacular para enviar por correo electrónico.

B. llevar un registro de todos los donativos.

C. hablar en el escenario e informar a todos sobre esta buena causa.

4 El lunes es un día de asueto en tu escuela. Tú...

A. pasas el día mirando el cielo y buscando formas en las nubes.

B. comienzas con el proyecto escolar que hay que entregar al final de la semana.

C. te reúnes con tus amigos y juegan softbol.

Si seleccionaste principalmente la letra **A**, eres un empresario soñador. Tus fortalezas son tu imaginación y tu capacidad para tener ideas innovadoras. Tal vez prefieras trabajar solo y tranquilo mientras desarrollas tus ideas creativas. La próxima vez que necesites consejos sobre cómo soñar en grande, inspírate en el éxito del empresario soñador Steve Jobs.

Si seleccionaste principalmente la letra **B**, eres un empresario experto en resolver problemas. Tus fortalezas son el pensamiento crítico, la planificación y la organización. Abordas los problemas como si fueran puzles divertidos que hay que resolver. Disfrutas trabajar solo y en grupo. Estudia el trabajo de Bill Gates, empresario experto en resolver problemas, para obtener ideas y sugerencias.

Si seleccionaste principalmente la letra **C**, eres un empresario con facilidad para tratar personas. Tus fortalezas son tu deseo de cuidar a los demás y tu habilidad para ponerte en sus zapatos. En general, te gusta trabajar con otras personas o para otros. Observa el éxito de Oprah Winfrey, una empresaria con facilidad para tratar personas, para obtener ideas sobre cuál podría ser tu siguiente paso.

Crear tu negocio

Independientemente de qué tipo de negocio tengas, siempre es útil armar una pequeña oficina en tu casa. Este es un lugar especial destinado a tu trabajo. Tal vez te alcance con un escritorio, una silla y una lámpara. O puedes guardar algunas cajas abajo de la cama y sacarlas cuando sea hora de trabajar. ¿Tu familia tiene una computadora? Pregunta a tus padres si puedes tener una carpeta para ti en la computadora. Guarda allí los volantes digitales, las **facturas** y otros documentos comerciales para acceder a ellos con facilidad.

¡Sé organizado!

Los empresarios exitosos saben dónde encontrar cada cosa cuando la necesitan. Mantienen sus oficinas limpias y ordenadas. Guarda tus facturas y **recibos** en carpetas etiquetadas para tener todo en orden. Utiliza un cuaderno para anotar las ventas y los **gastos**. Utiliza un calendario para llevar un control de las fechas y los vencimientos.

Elementos básicos

Reúne una pequeña cantidad de artículos como papel, lápices, marcadores, clips, tijeras, una engrapadora y cinta. ¿Te dedicas a hacer bisutería? Entonces necesitarás comprar cuentas, alambre y las herramientas para fabricar tu producto. ¿Vendes artículos por Internet? Necesitarás tener a mano bastante cinta de embalaje y cajas para enviar tus productos.

27

No subestimes el valor de tu trabajo

Para cualquier empresario es fundamental saber determinar cuánto cobrar. Es importante que no pidas demasiado, porque podrías espantar a tus **compradores**. Pero tan importante como eso es que no cobres demasiado poco. Entonces, ¿cómo puedes saber cuánto cobrar? Calcula cuánto tiempo te llevará fabricar el producto o brindar el servicio y ten en cuenta esto en tu precio. Luego, averigua cuánto cobran otras personas por algo similar. Por ejemplo, si cuidas niños, investiga cuánto cobran otras niñeras a sus **clientes**. Luego, ten en cuenta cualquier cosa extra o situación especial. ¿Vas a estar a cargo de más de un niño? ¡Recuerda que tres niños pueden triplicar el trabajo! Eso significa que puedes y debes cobrar más por tus servicios.

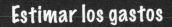

Estimar los gastos

Cuando vendes un producto, tú fijas el precio que vas a cobrar. Para determinarlo, es importante que tengas en cuenta el costo de fabricar el producto. Observa este ejemplo.

Para tejer una bufanda usarás una madeja entera. La madeja cuesta $3.

+

$5 por hora de trabajo

x 4 horas para tejer

= $20

=

Para obtener un beneficio, deberías cobrar más de $23.

$23

¡MÁS EN PROFUNDIDAD!

Rentabilidad

Para tener éxito, los negocios deben arrojar beneficios. Los beneficios son la diferencia entre los **ingresos**, o ventas, y los gastos del negocio. Los empresarios deben tener en cuenta todos los gastos involucrados. Deben decidir si hay suficiente dinero para comprar materiales, alquilar un espacio o contratar empleados adicionales. Luego, suman el dinero obtenido de los compradores y restan los costos del dinero que ganaron. El dinero sobrante es el beneficio. Este beneficio, ¿vale tu tiempo y tu energía? ¡Eso lo decides tú!

Hagamos números

Imagina que tu negocio para el verano es tener una biblioteca de juegos. Tú agregas tres juegos a tu colección.

Gastos

Cada juego cuesta $10.
x 3 juegos

Sería un total de $30 para iniciar tu negocio.

30

Generador de dinero

Pierce Freeman, de 15 años, comenzó a estudiar programación cuando tenía siete. Cuando era adolescente, observó una **tendencia** en los negocios. Por lo tanto, creó una aplicación para simplificar las cosas. Creó *CardShare* para permitir a las personas compartir su información de contacto comercial con facilidad. Le vendió esta aplicación a *Apple*. Ahora, está trabajando en el desarrollo de una nueva aplicación que dará a conocer pronto.

Ingresos

Imagina que en el verano ganas $156.

$156 de ingresos
-$30 de gastos

Sería un beneficio de $126.

. . . .

¿Valió la pena? Si la respuesta es sí, comienza a planificar para el verano siguiente. De lo contrario, piensa en otra idea para hacer dinero.

Firma en la línea punteada

Un **contrato** es un acuerdo escrito entre tú y tu cliente. Un contrato comercial les permite a ti y a tus clientes saber exactamente qué deben esperar recibir por su dinero. Los contratos deben incluir el nombre de la empresa, la fecha del servicio, tu nombre, el nombre y la firma del cliente, detalles del servicio y cuánto se te pagará una vez finalizado el trabajo. Arma un contrato como el que figura en la página siguiente. Rellena uno para cada nuevo proyecto. Ponle un sello de "*pago*" cuando hayas terminado el trabajo y recibido el pago.

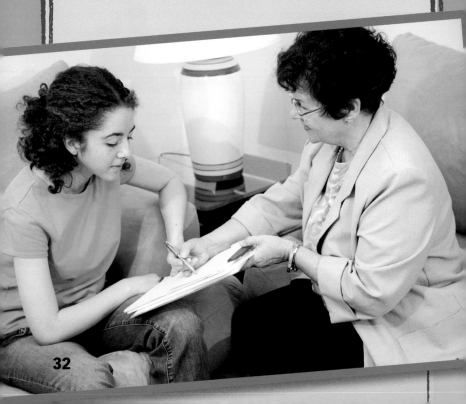

Contenido de un contrato

Ya sea que cuides niños o vayas a trabajar en la construcción de un puente para la ciudad, un contrato garantiza que todos conozcan sus responsabilidades. Le indica a los **proveedores** qué servicio brindar. Y le indica a los clientes cuándo y cuánto deben pagar.

Agencia de Investigación "Cero a la Izquierda"
12345 Consumer Drive
Revenue, NY 67891

Teléfono: 888-555-1234

PAGO

Fecha:

Descripción del servicio o producto:

_____

_____

Precio del servicio: _____

Cantidad de horas para hacer el trabajo _____ x _____ tarifa por hora.

Precio del producto: _____

Cantidad de artículos comprados _____ x _____ el precio de cada artículo

Firma del empresario/Fecha: _____

Nombre del comprador (en letra de imprenta): _____

Firma del comprador: _____

Fecha: _____

El poder de la planificación

Los empresarios conocen la importancia de un plan de negocios. Es una **estrategia** paso a paso para el éxito. Cuando dedicas tiempo a planificar con anticipación, es más fácil imaginar los problemas y encontrar las soluciones. Tal vez necesites pedir dinero prestado para poner tu negocio. Un buen plan de negocios convencerá a quienes te prestarán el dinero de que eres confiable y de que tienes una buena idea. Esto es lo que necesitarás para comenzar.

Producto o servicio

Describe tu producto o servicio. Deja en claro qué estás vendiendo.

PLAN DE NEGOCI
DE UNA BIBLIOTE
DE JUEGOS
PARA VERAN

Producto o servicio

La biblioteca de juegos para verano estará a disposición de los niños del barrio durante el verano. El propietario y operador de la biblioteca de juegos supervisará las actividades y enseñará a los niños a jugar tanto los juegos viejos como los nuevos. Habrá juegos para jugar dentro de casa y al aire libre.

Finanzas

Finanzas

Observa cuánto dinero se necesitará para iniciar el negocio. Describe cuán rentable será el producto.

¡ALTO! PIENSA...

- ¿Qué parte del plan de negocios crees que es más importante para quienes te prestarán el dinero?

- ¿Qué otra información sería útil incluir en tu plan?

- ¿Cómo crees que los planes de negocios ayudan a los empresarios a tener éxito?

ng

publicidad de la biblioteca de ju
mediante volantes que se distrib
y la escuela local. Se informará
sobre este servicio de verano de
liante visitas puerta a puerta. I
s se enterarán de que la bibliote
ará a que el verano sea mejor

Marketing

Haz una lista de las formas en que planeas informar a las personas sobre tu producto.

ministración

la biblioteca enseñ

propietario/admi
los niños a jugar
mientras juegan.
El propietario de
reemplazará los
cuando sea nec
se almacenará

Administración

Explica quién administrará el negocio. Describe cualquier entrenamiento especial que tengas que te haga perfecto para la tarea. Observa si necesitarás algún otro empleado.

Hacer felices a los compradores

Los compradores son las personas que compran tus productos o servicios. Pueden ser tus amigos o familiares. O podrían ser personas que oyen hablar de tu negocio. Es importante que a tus compradores les guste tu trabajo. Las personas desean gastar su dinero en productos excelentes. Desean saber que cuando te paguen, el trabajo estará bien hecho. Por lo tanto, escucha qué necesitan tus clientes antes de comenzar cualquier trabajo. Y siempre da lo mejor de ti, ya sea que tu trabajo sea lavar autos o perros, cuidar hámsteres o niños, o limpiar piscinas o cocheras.

Malas noticias

La cuarta parte de los compradores dice que es más probable que cuente a los demás sobre una mala experiencia con un negocio que sobre una buena. Por lo tanto, mantén felices a tus compradores. Si puedes, haz más de la cuenta. ¡Tus compradores serán tu mejor publicidad!

Arregla las cosas

A veces un comprador no está contento con tu trabajo. Puede ser difícil escuchar esto, pero es importante abordar la situación de inmediato. Ofrécele formas de solucionarlo. Cuidar a tus compradores indica que eres un empresario responsable. Las buenas noticias corren como el viento. ¡Tal vez obtengas nuevos compradores!

Los compradores felices hacen circular las buenas noticias.

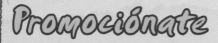

Promociónate

Cuando vendes un producto o servicio, también te vendes a ti mismo. Cuéntales a tus familiares, amigos y vecinos sobre tu negocio. Responde a sus preguntas y demuestra entusiasmo sobre tu producto. Cuando conozcas gente, recuerda que podrían ser compradores potenciales. Menciona a tu empresa. Explícales por qué iniciaste tu negocio. Cuando las personas creen que eres capaz y honesto, confiarán en tu trabajo.

¿Sí o no?

Los estudios muestran que la mayoría de los vendedores recibirá al menos cinco NO antes de obtener un SÍ. No te desalientes. Con cada NO, ¡estás un paso más cerca del SÍ!

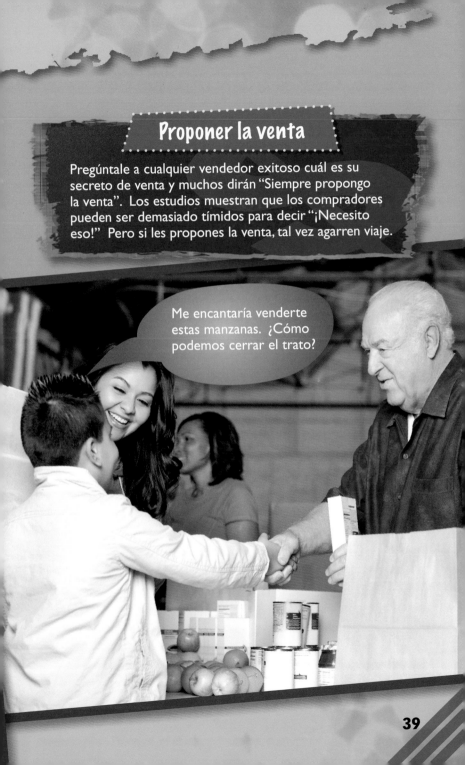

Proponer la venta

Pregúntale a cualquier vendedor exitoso cuál es su secreto de venta y muchos dirán "Siempre propongo la venta". Los estudios muestran que los compradores pueden ser demasiado tímidos para decir "¡Necesito eso!" Pero si les propones la venta, tal vez agarren viaje.

Me encantaría venderte estas manzanas. ¿Cómo podemos cerrar el trato?

Promueve tu producto

Puedes venderte a ti mismo, pero también deberás vender y **promover** tu producto. Si vendes brazaletes de cuentas, ponte uno cada día y lúcelo. Si planeas enseñarle a jugar al béisbol a los niños del barrio, ofrece una sesión matutina gratuita. Diseña un volante para divulgarlo. Distribúyelo entre tus amigos y vecinos y ponlo a la vista en lugares públicos. Tómate el tiempo para explicar sobre tu producto o servicio siempre que puedas. Pídele a tus compradores satisfechos que también difundan tu negocio. ¡La comunicación **de boca en boca** es una de las herramientas de marketing más valiosas!

Cupones de descuento

Los cupones son una manera sencilla de lograr que las personas se entusiasmen con tu producto. Haz circular cupones de un 10 por ciento de descuento o un pequeño obsequio. Estos ahorros pueden entusiasmar lo suficiente a algunas personas para que te compren por primera vez.

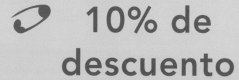

Sábado a la noche
Cuidado de niños
$10 por hora

10% de descuento

Generador de dinero

Fabián Fernández-Han, de 12 años, inventó la aplicación *Oink-a-saurus*. Esta aplicación útil permite a niños y adultos tener un control de sus ahorros y sus inversiones en la palma de la mano. ¿Qué nueva aplicación útil puedes imaginar y diseñar?

.ıll Carrier 🤝 5:13 PM

| Home | **Piggy Bank** |

Tap one of the piggy banks to interact

BANK 1. Buy Something Big

Current Amount	Goal Amount	Amount to go
$70.00	$500.00	$430.00

BANK 2. Save for the Future

Current Amount	Goal Amount	Amount to go
$0.00	$100.00	$100.00

BANK 3. Help Someone

Current Amount	Goal Amount	Amount to go
$0.00	$100.00	$100.00

Logout

3 Piggy Banks

Porkfolio

What If?

Investment Oinker

Investment Education

Funding for Oink A Saurus is from a grant by the NYSE Euronext Foundation in cooperation ... Co.

Fernández-Han en una conferencia donde se reunió e intercambió ideas con otros empresarios.

Diseñar un volante

Un volante es una manera excelente para que las personas conozcan tu producto. Haz algo que llame la atención. Que sea corto y simple, pero asegúrate de incluir toda la información importante.

Agrega fotos. Colócalas en la página de modo que luzcan atractivas.

Pon tu información de contacto. Incluye tu nombre de pila y tu número de teléfono. Algunas personas imprimen esta información varias veces, una atrás de la otra. Así, los compradores pueden arrancar una copia con facilidad.

La mejo
¡Vive

APROBADA POR BEBÉS

Llame a Jamey
555-7390

Llame a Jan
555-73

Llame a
555-7

Llame
555-

Escribe un breve encabezado. Céntralo en una línea en medio de la página. Usa un tipo de letra lo suficientemente grande para que las personas lo lean con facilidad a 10 pies de distancia. Pon en mayúscula las principales palabras del encabezado.

iñera del mundo

a su cuadra!

Incluye una descripción de tu producto o servicio. Debe ser breve, pero asegúrate de utilizar palabras que interesen a tus futuros clientes. Diles qué ofreces y por qué es genial.

$10 por hora

¡Disponible viernes y sábado por la noche!

- salvavidas certificada
- certificada en RCP
- vive con 5
- hermanos menores

LLAME A JAMEY AL

55-7396

Ventaja competitiva

Gánale a la competencia al ofrecer servicios que otros no ofrecen. Si la mayoría de los cuidadores de niños trabajan solo los miércoles de noche, diferénciate del resto al trabajar los fines de semana.

43

¡Eureka!

Los **inventos** pueden ser simples, como un clip. O pueden ser complicados, como un nuevo motor de propulsión a chorro. Los inventos pueden ser útiles o simplemente divertidos. También pueden hacer que el inventor gane dinero.

Una patente protege los inventos. Este documento legal se presenta ante el gobierno. Allí se describe tu invento y se muestra que tú eres el inventor. Si tu invento está patentado, ninguna otra persona puede decir que se le ocurrió tu idea. Y nadie más puede tratar de venderla.

Pulseras *Silly Bandz*

En 2008, aparecieron en el mercado las pulseras *Silly Bandz* y rápidamente se pusieron de moda. En 2010, estas pulseras se vendían en más de 8,000 tiendas en los Estados Unidos. Venían en muchos colores y formas. Los niños se llenaban los brazos con ellas. ¿Quién diseñará la próxima **moda pasajera**? ¡Podrías ser tú!

De la idea al invento

1 Haz un bosquejo de tu última gran idea.

2 Haz una muestra y pruébala para ver si funciona como esperabas.

3 Haz cambios para mejorar tu producto.

4 Presenta una patente para proteger tu trabajo.

SOLICITUD DE PATENTE

5 Haz mayores cantidades de tu producto.

6 Vende tu idea al mundo. Allí es cuando comienzas a ganar dinero.

Hacer que tus fondos crezcan

Puedes ganar dinero vendiendo productos o servicios. También puedes ganar dinero, o hacer que tus fondos crezcan, de otras maneras. Si colocas tu dinero en una **cuenta de ahorro**, el banco te pagará **intereses**. O puedes colocar tu dinero en un **certificado de depósito (CD).** Un CD aumenta a un ritmo más rápido que la cuenta de ahorro. También puedes depositar los fondos junto con amigos o vecinos e invertirlos en una organización benéfica local. Organiza eventos comunitarios para recaudar dinero para una causa. Tu dinero puede usarse para mejorar un poco el mundo, para ti y para los demás.

Cantidad de dinero

Años en la cuenta

Cobrar un CD

Invertir en un CD es una manera confiable de hacer que tu dinero crezca. Pero no podrás usarlo durante cierto tiempo. Podría ser seis meses, cinco años o más. Eso depende de ti. Cuanto más tiempo permanezca tu dinero en la cuenta, más crecerá.

Ahorrar dinero

Una manera de hacer que tu dinero crezca es encontrar maneras de ahorrarlo. ¿Te gusta leer libros o mirar películas? Puedes comprar libros e ir al cine. O puedes ir a la biblioteca de tu localidad. Allí, puedes leer libros o ver películas gratis. Tal vez te encante el atuendo que está en la tapa de la nueva revista. Pero no necesitas comprarte algo nuevo. Puedes, en cambio, actualizar tus jeans y tu blusa favoritos con nuevos **accesorios** como sombreros, bufandas y joyas. Parecerá un nuevo atuendo por completo y gastarás mucho menos.

Encontrar un tesoro

Los historiadores creen que piratas podrían haber enterrado un tesoro frente a la costa de Florida. ¿No puedes ir a Florida en estos días? Entonces comienza a buscar tesoros enterrados en tu propia casa. Revisa los bolsillos de tus abrigos. Mira debajo de las alfombras del auto. Lleva tus monedas a la máquina de monedas de tu localidad para convertir esos centavos en dinero contante y sonante.

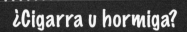

¿Cigarra u hormiga?

En la fábula de Esopo "La cigarra y la hormiga", la hormiga trabaja durante el verano para almacenar comida. La cigarra pierde el tiempo y se dedica a hacer música. Cuando llega el invierno, la cigarra tiene hambre. Desearía haber planificado con anticipación como la hormiga. ¿Te ves como un ahorrista lento y constante como la hormiga? ¿O eres más del estilo de la cigarra, que solo vive en el momento?

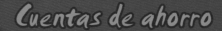

¡MÁS EN PROFUNDIDAD!

Cuentas de ahorro

¿Cuánto dinero deberías ahorrar? Muchos expertos sugieren que ahorres al menos un 10 por ciento de lo que ganas. Cuando abres una cuenta de ahorro en un banco local, tus ahorros trabajarán para ti, ya que te generarán intereses. Cada mes, el banco te pagará intereses por la cantidad de ahorros que tengas en tu cuenta. Cuanto más dinero tengas en tu cuenta, más dinero ganarás.

La regla del 72

El dinero crece en una cuenta de ahorro, pero ¿cuánto tiempo llevará duplicar tu dinero? Usa la regla del 72. Simplemente divide 72 entre la tasa de interés que vas a recibir. Verifica el ejemplo de abajo.

Recibes un 4 por ciento de interés en tu cuenta.

$$72 \div 4 = 18$$

Esto significa que duplicar tu dinero te llevará 18 años.

El interés se paga sobre el dinero colocado originalmente en la cuenta y sobre el interés acumulado cada mes. Esto se conoce como interés compuesto.

Interés interesante

A los 18 años inviertes $2,000 en un CD. Tiene una tasa de interés del 6%. En el cuadro de abajo puedes ver como crecerá tu dinero con el paso del tiempo utilizando la regla del 72. Tu dinero se duplicará cada 12 años. La mejor parte es que nunca tendrás que agregar un centavo más de tu dinero a esa cuenta.

18 años — $2,000

30 años — $4,000

42 años — $8,000

54 años — $16,000

66 años — $32,000

Recaudar fondos

¿Tienes una organización benéfica preferida? Una manera de ayudar es recaudar fondos. Como **recaudador de fondos**, pedirás donativos y **cantidades prometidas**. Los donativos se pueden hacer en forma de dinero, tiempo o artículos reciclados. Las cantidades prometidas son promesas que realizan las personas de contribuir con cierta suma de dinero. ¿Te gusta caminar o correr? Averigua si tu organización benéfica preferida organiza algún evento para correr los 5K. Únete y lleva a tus familiares y amigos. El precio de las entradas se destinará a la organización benéfica, y puedes aumentar tu donativo si logras que otros te patrocinen con cantidades prometidas. Si no hay nada planificado en tu zona, piensa en organizar una carrera en tu propio barrio.

Los niños crecen

¿Observas algún problema en tu comunidad que podrías ayudar a resolver? ¿Hay alguna organización benéfica a la que te gustaría ayudar? Hay muchas oportunidades disponibles. Pregúntale a tu maestro o a un líder de la comunidad si puedes ayudar de algún modo. Asegúrate de pedirle permiso a tus padres antes de embarcarte en un proyecto.

Asociarse

Los recaudadores de fondos utilizan algunas de las mismas habilidades que los empresarios. Necesitas elaborar un plan, resolver problemas y lograr entusiasmar a las personas para que ayuden. Los empresarios con frecuencia trabajan solos, pero recaudar fondos requiere conocer personas nuevas. Trabajar juntos es una manera divertida de recaudar dinero.

Un buen negocio

Las habilidades que tienes para obtener dinero también las puedes utilizar para ayudar a otros. Puedes utilizar tu instinto para los negocios a fin de recaudar fondos para una organización benéfica. Dona un porcentaje de tus beneficios a tu grupo preferido. O prueba vender una nueva versión de tu producto para ayudar a que las personas tomen conciencia sobre una buena causa. Un brazalete inspirador es una manera excelente de correr la voz.

Mt. Kilimanjaro

Generador de dinero

En el verano de 2010, Jason Kontomitras se fijó una meta ambiciosa. Deseaba ayudar a los niños ciegos y con dificultades visuales de Guatemala. A los 12 años, se propuso el desafío de escalar el monte Kilimanjaro, una de las montañas más altas del mundo. Recaudó $26,000 en donativos de las personas que apoyaban su ascenso. Y donó el dinero recaudado a *Vision for the Poor* (Visión para los pobres). Esta organización brinda atención médica a los niños para ayudarlos a recuperar la vista.

Juntar pequeñas cantidades de dinero puede hacer una gran diferencia.

Las familias pueden caminar juntas en apoyo a sus organizaciones benéficas preferidas.

El buen dinero crece

No pierdas de vista la meta

Nunca es demasiado pronto para planificar qué hacer con tu dinero. Establecer buenos hábitos en cuanto al dinero ahora te ayudará a tener éxito en tus metas durante toda la vida. Ponte metas financieras y no las pierdas de vista. Busca maneras de ser autosuficiente. ¡Aumentarán tus habilidades, tu confianza y tu dinero! Al igual que un árbol, hacer que tu dinero crezca lleva tiempo y esfuerzo. Pero cuanto más sepas, más rápido crecerá.

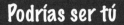

Podrías ser tú

El ochenta y seis por ciento de los millonarios generaron ellos mismos sus fortunas. No las heredaron. Muchos millonarios son empresarios cuyos esfuerzos dieron frutos. Gracias a sus ideas y su trabajo duro, hicieron su sueño realidad. Dite a ti mismo, "¡Si ellos pueden hacerlo, yo también puedo!".

> **Las grandes cosas nacen siendo pequeñas**
>
> —John Dryden, poeta inglés

Glosario

accesorios: objetos o artículos pequeños de vestir que se llevan para dar estilo a un conjunto

asignación: dinero que se da a los niños para que aprendan a ahorrar y gastar

autosuficiente: independiente y capaz de vivir por sí mismo

beneficios: dinero ganado tras pagar los costes de fabricar un producto o proporcionar un servicio

cantidades prometidas: promesas de pagar una cantidad de dinero

certificado de depósito (CD): tipo de cuenta de ahorro con interés fijo durante un período determinado

clientes: compradores

compradores: personas que compran un producto o servicio

contrato: documento que detalla las responsabilidades de todas las personas que participan en una venta de bienes o servicios

cuenta de ahorro: tipo de cuenta bancaria que paga intereses al titular

de boca en boca: comunicación oral

empleado: persona que trabaja para otra y recibe dinero por ello

empresario: persona que trabaja por cuenta propia

estrategia: plan para conseguir un objetivo concreto

facturas: cuenta desglosada de una venta de bienes o servicios con los precios individuales y el total

gastos: dinero gastado en productos o servicios

ingeniería: ciencia o profesión que consiste en desarrollar y usar el potencial y los recursos naturales de forma útil para las personas

ingresos: dinero obtenido en una venta

intereses: dinero que un banco o una organización paga a una persona por invertir en ellos

inventos: ideas u objetos originales antes inexistentes

moda pasajera: producto o idea muy popular durante poco tiempo

organización benéfica: organización dedicada a ayudar a los demás

patentó: adquirió un documento oficial que lo declaraba titular de un invento

patrón: persona que contrata a otra para que trabaje a cambio de dinero

promover: contribuir a aumentar las ventas de un producto o servicio

proveedores: vendedores

público objetivo: grupo de personas que pueden querer cierto producto o servicio

recaudador de fondos: persona o acontecimiento para recaudar donativos para la beneficencia u otra causa

recibos: declaraciones escritas de la recepción de dinero o bienes

tareas domésticas: tareas del hogar

tendencia: estilo o tema de interés actual

título de posgrado: documento que demuestra que una persona ha terminado un posgrado

trabajo: tares que realiza una persona a cambio de dinero

Índice

Bibliografía

Bateman, Katherine R. *The Young Investor: Projects and Activities for Making Your Money Grow, 2nd edition.* Chicago Review, 2010.

Aprende cómo hacer que tu dinero crezca mediante acciones, fondos mutuos y bonos de ahorro. Este libro presenta proyectos divertidos para que aprendas a arquear una cuenta corriente, leer informes financieros, entender las hipotecas y más.

Bernstein, Daryl. *Better Than a Lemonade Stand!: Small Business Ideas for Kids.* Beyond Words Publishing, Incorporated, 2012.

Descubre las estrategias de 51 pequeñas empresas diferentes. Este libro incluye detalles sobre los suministros y el tiempo necesarios para inicia un negocio, así como cuánto deberías cobrar y cómo publicitar tus servicios.

Linderman, Dianne. *How To Become An Entrepreneurial Kid.* The First Moms' Club Press, 2012.

Sigue las inspiradoras historias de tres niños empresarios que desarrollaron negocios de galletitas, pesca y paseos en poni. Luego, utiliza el planificador que figura al final del libro para iniciar tu propio negocio.

Nathan, Amy. *The Kids' Allowance Book.* iUniverse, Incorporated, 2006.

Descubre qué piensan más de cien niños, sus padres y expertos en finanzas y psicología sobre las asignaciones. Los temas incluyen pros y contras de una asignación, cuánto recibir y cómo aprovechar al máximo tu dinero.

Sember, Brette McWhorter. *The Everything Kids' Money Book.* Adams Media, 2008.

¡Todo lo que siempre quisiste saber sobre el dinero! Este libro incluye 30 puzles y montones de datos interesantes para ayudarte a ahorrar, ganar y gastar tu dinero con inteligencia.

Más para explorar

Money and Stuff

http://www.moneyandstuff.info

Aprende todo lo que hay que saber sobre ahorros, presupuestos, créditos, inversiones y más. También encontrarás hojas de trabajo para armar tu propio presupuesto, juegos, videos y otras actividades divertidas sobre el dinero.

Ten Inspirational Child Entrepreneurs

http://www.cosmoloan.com/investments/10-inspirational-child -entrepreneurs.html

¿No sabes si tienes lo que hay que tener para ganar tu propio dinero? Conoce a 10 jóvenes empresarios. Su éxito en diversas áreas —desde servicios en línea y juegos de cartas sobre ciencia hasta reparadores del cabello y lápices en forma de insectos— te servirá de inspiración para iniciar tu propio negocio.

Kids' Money

http://www.kidsmoney.org/makemone.htm

¿Estás listo para ganar algo de dinero? Visita *Kids' Money* para encontrar ideas y sugerencias sobre el trabajo ideal para ti. Podrías probar a cuidar niños, encargarte del jardín o una de las tantas oportunidades que hay en este sitio. ¡Todas las sugerencias para tener tu propio negocio son dadas por niños como tú!

Money and Banking Videos

http://www.neok12.com/Banking.htm

Estos videos te ayudan a entender de manera fácil el dinero. Aprende sobre inflación, actividad bancaria, cómo se fabrica el dinero, la historia del dólar estadounidense y más.

Volunteer Opportunities for Kids

http://www.ivolunteer.org

Aprende por qué y cómo los niños de todo el país participan en la comunidad. Encuentra enlaces a organizaciones de voluntarios y proyectos solo para niños.

Acerca de la autora

El primer recuerdo de Kathleen E. Bradley sobre el dinero es de cuando estaba en primer grado. Con cinco dólares en el bolsillo, se fue de compras. Se enamoró de un peluche que costaba $4.99. Kathleen recibió un centavo de cambio. ¡El cajero se sorprendió cuando Kathleen dejó el juguete y pidió su dinero de vuelta! Costó convencerla, pero se quedó con el juguete. Sin embargo, décadas más tarde siempre pone en la balanza el gasto y la seguridad que brindan los ahorros.

Kathleen E. Bradley es colaboradora de la galardonada serie *Teacher Created Materials Building Fluency through Reader's Theater* para los grados del 1–5. Ella vive en el sur de California con su esposo y su hijo.